Gerald Schwabe | Faszination Allgäuer Bergwelt

2008 Verlag J. Eberl GmbH & Co. KG, Immenstadt

Titelbild:

Almsiedlung Einödsbach

bei Oberstdorf

1. Auflage Mai 2008

Gesamtherstellung:

Graphische Betriebe Eberl GmbH,

Kirchplatz 6, 87509 Immenstadt

www.medienhaus-eberl.de

ISBN: 978-3-920269-41-2

Faszination

ALLGÄUER BERGWELT

Gerald Schwabe

2008 Verlag J. Eberl GmbH & Co. KG, Immenstadt

Wetterspitze
2895
Schlenkerspitze
2827
Großstein
2632
Ruitelspitze
2580
Tschirgant
2372
Imst
Heiterwand
Tarrenz
Gramais
Stockach
Bach
Großer Krottenkopf
Kratzer
Bschlabs
Häselgehr
Elbigenalp
Kreuzkarsp.
Urbeleskarsp.
Ofnerspitze
ab Seite
34
Obsteig
Nassereith
Elmer Muttekopf
2350
Elmen
Großer Wilder
Hinterhornbach
Hochvogel
2592
Höfats
Namlos
ab Seite
26
Schneck
Gr. Seekopf
2085
Galtbergspitze
Fernpass
Grubigstein
2233
Gartnerwand
Schwarzhanskarspitze
2227
Stanzach
Vorderhornbach
ab Seite
10
Berwang
Thaneller
2341
Forchach
Leilachspitze
Kastenkopf
Alpelekopf
Großer Daumen
2280
Bichlbach
Hochschrutte
Heiterwang
Weißenbach
Rieden
Geißhorn
2247
ab Seite
118
Tauern
1841
Gaicht
Neunerköpfle
Hinterstein
Imberger Horn
Plansee
Zwieselberg
Höfen
Nesselwängle
ab Seite
128
Haldensee
Bruck
Bad Oberdorf
Isseler
Reutte
Gimpel
Rottfluh
Tannheim
Wannenjoch
Bad Hindelang
825 m
Geierköpfe
Gehrenspitze
Gr. Schlicke
Grän
Einstein
Zöblen
Schattwald
Hirschberg
Spieser
Oberjoch
Kreuzkopf
Säuling
Roßberg
Aggenstein
Schönkahler
Wertacher Hörnle
Alpeleskopf
Ober-
Pinswang
Breitenberg
Unterjoch
Hochplatte
Unter-
Vils
Sorgschrofen
Schwarzenberg
Tegelberg
Vilser Berg
Zwölferkopf
Falkenstein
Kienberg
Jungholz
1058 m
Schloss Linderhof
Schloss Hohenschwangau
Schloss Neuschwanstein
Grubenkopf
Bad Faulenbach
Schwangau
796 m
Füssen
808 m
Weißensee
800 m
Oberkirch
Pfronten
882 m
Edelsberg
ab Seite
138
Kappelkopf
Wertach
915 m
Hennenkopf
Brunnen
Eschach
Kreuzegg
Weißbach
Zell
Kappel
Buchenberg
Hopferau
814 m
Eisenberg
Rehbichl
Burgkranzegg
Mühlscharten kopf
Forggensee
Oster-
reinen
Hopfen
am See
Nesselwang
859 m
Faistenoy
Haslach
Petersthal
Buching
800 m
Bayerniederhofen
Rieden
a. Forggensee
814 m
Lachen
Maria-Rain
Oy
Mittelberg
Halblech
810 m
Hoher Trauchberg
Moosbach
Trauchgau
792 m
Roßhaupten
815 m
Seeg
854 m
Rückholz
895 m
Bachtel
Unterschwarzenberg
Oberzollhaus
Eschenberg
Lobach
Albatsried
807 m
Wildberg
Ober-
Bodelsberg
Fronreiten
Prem
749 m
Enisried
Wies
Lengenwang
Albisried
Görisried
Steinbach
Lechbruck
737 m
Hasenmahd

Biberkopf
Widderstein
Hochkünzelspitze
Zitterklapfen
Kanisfluh
Hoher Freschen
Warth
Alpgundkopf
Didamskopf
Kanzelwand
ab Seite 46
Fellhorn
Baad
Walmendinger Horn
Hoher Ifen
Mittelberg
Einödsbach
Birgsau
Faistenoy
Schlappoldkopf
Hirschegg
Gottesacker
Riezlern
ab Seite 56
Mellau
Vorderhörnle
Bizau
Schönenbach
Winterstaude
Triestenkopf
Bezau
Ebnit
Oberstdorf
Kornau
Rohrmoos
Piesenkopf
Andelsbuch
Schwarzenberg
Hochälpele
Dornbirn
Bödele
Tiefenbach
Besler
Sibratsgfäll
Fohren
Hirschsprung
Feuerstätterkopf
Rubi
Wannenkopf
Riedberger Horn
Gelbhansekopf
Hittisau
Lingenau
Alberschwende
Reichenbach
Langenwang
Obermaiselstein
Bregenz
Langenegg
Fischen i. A.
Schöllang
Bolsterlang
Balderschwang
Falken
Hochhädrich
Pfänder
Dolsterlanger Horn
Langen
ab Seite 74
Siplingerkopf
Altstädten
Otterschwang
Ofterschwanger Horn
Hochgrat
Riefensberg
Sulzberg
Thal
Rindalphorn
Sonthofen
Sigishofen
Stuiben
Scheffau
Steineberg
Denneberg
Steibis
Lindenau
Gunzesried
Himmeleck
Moggers
Burgberg i. A.
Mittagberg
Staufner Berg
Oberreute
Blaichach
Immenstädter Horn
Thalkirchdorf
Weiler i. A.
Scheidegg
Grünten
Oberstaufen
Simmerberg
Wiedemannsdorf
Salmaser Höhe
ab Seite 100
Immenstadt i. A.
Rieder
Thaler Höhe
Stiefenhofen
Lindenberg
Niederstaufen
Rottenberg
Ellhofen
Großer Alpsee
Kranzegg
Missen
Ochsenberg
Aigis
Ebratshofen
Röthenbach i. A.
Heimenkirch
Opfenbach
Wilhams
Grünenbach
Schwabenberg
Hauchenberg
Lußeck
Riedholzerkugel
Hergatz
Oberdorf
Niedersonthofen
Gestratz
Maria-Thann
Martinszell
Weitnau
Seltmans
Wohmbrechts
Niedersonthofener See
Maierhöfen
Eglofs
Kleinweiler
Argenbühl
Sulzberg
Schönberg
Wengen
Rauns
Waltenhofen
Hohenkapf
Schwarzer Grat
Isny
Buchenberg
Eschach
Ursersberg
Eschachtal
Neutrauchburg
Christazhofen
Gottlishofen
Tal
Braunenberg
Kreuzleshöhe
Kempten
Kanzel
Rohrdorf
Kl. Gehrn
Beuren
Ermengerst
Waltershofen
www.allgaeu.info

INDEX

Inhaltsverzeichnis

Die Allgäuer Landschaft

An der Entstehung und Gestaltung dieser Landschaft haben viele mitgewirkt. Ursächlich für den Formenreichtum des Allgäus ist zum einen die ungewöhnliche geologische Vielfalt auf vergleichsweise kleinem Raum. Da sind die schroffen Gipfel des Allgäuer Hauptkamms aus hartem Dolomitgestein, felsige und oft imposante Kletterberge mit echtem Hochgebirgscharakter wie Hochvogel, Biberkopf, Trettachspitze, Mädelegabel und auch der wuchtige Widderstein im hinteren Kleinwalsertal, allesamt knapp 2.600 m hoch. Über diese Grate verlaufen die großartigen Klettersteige Heilbronner Weg, Hindelanger Weg und der Mindelheimer Klettersteig. Diese steilen und zackigen Felsformationen finden sich auch in der kleinen Gruppe der Tannheimer Berge mit den beliebten Klettergipfeln Gimpel und Hohe Flüh.

Einzigartig sind auch die beeindruckende Karstfläche des Gottesackers und der seltsam geformte Hohe Ifen im Kleinwalsertal. Wie ein gestrandetes Schiff ragt die gewaltige Kalkplatte schräg in den Himmel, man befürchtet fast, sie würde jederzeit abrutschen. So ganz falsch liegt man damit nicht, denn die heutige Gipfel-Hochfläche ist nur der spärliche Rest einer weitaus größeren Kalkplatte, die durch Erosionsprozesse immer weiter abgetragen und von den Seiten angenagt wurde. Die gewaltigen Blöcke und Spuren von Felsstürzen im Schwarzwassertal unterhalb des Berges machen seine Vergänglichkeit nur allzu deutlich.

Etwas weniger spektakulär kommen die vielen typischen Grasberge des Allgäus daher, obwohl auch sie häufig die 2.000-m-Marke überschreiten. Blumenreiche Wiesenhänge mit weichen Formen, die zu herrlichen gemütlichen Wanderungen einladen (z.B. der großartige Fellhorn-Grat, die Hörnerkette zwischen Ofterschwanger und Riedberger Horn sowie das südliche Ende des Kleinwalsertales am Walmendinger Horn und Grünhorn), aber auch scharfkantige Grate und steile, markante Gipfel, die bis zur Spitze mit Gras überzogen sind - wie z.B. die elegante Höfats (2.258 m) oder die Schneck mit ihren unverkennbaren Formen.

Im Übergangsbereich zum Alpenvorland finden wir noch die sogenannte Molasse: über Jahrmillionen hatten aus den Alpen kommende Flüsse gewaltige Mengen an Schotter im Voralpenland abgelagert. Dieses lose Geröll wurde durch feinsten Schlamm wie mit Mörtel verkittet und durch die sich hebenden und nordwärts drückenden Alpen – ähnlich einem Tischtuch – in viele Falten zusammengestaucht. Im Allgäu finden wir heute mehrere parallel von West nach Ost verlaufende Höhenzüge, von denen der höchste und imposanteste die Nagelfluhkette mit dem aussichtsreichen Hochgrat (1.834 m) ist. Das namensgebende Nagelfluhgestein, welches an einen sehr groben Waschbeton erinnert, beschert uns meist grasbewachsene und blumenreiche Rücken, die aber auch übergangslos in jäh abstürzende Felswände übergehen können.

Einen entscheidenden „Schliff" bekam die Landschaft dann während der letzten Eiszeit, die vor etwa 12.000 Jahren zu Ende ging. Gewaltige Eisströme bewegten sich aus den Alpen kommend in Richtung Flachland, formten die spitzen Gipfel, hobelten die Täler aus, schmirgelten bis hinter Kaufbeuren und hinterließen dabei ihre Spuren, die noch heute sichtbar sind.

Auffallend sind die vielen „Hängetäler" im Oberallgäu: Zwar floss durch jedes einzelne Nebental ein Gletscher, der dann in den großen Illergletscher mündete, aber der gewaltige Gletscher des Illertales schürfte durch seine viel größere Masse sein Tal auch weitaus tiefer aus. Nach Abschmelzen der Eismassen befanden sich die Ausgänge dieser Seitentäler dann häufig weit oberhalb des Haupttales (z. B. „hängt" das Dietersbachtal bei Gerstruben fast 200 m über dem Trettachtal und auch das Kleinwalsertal endet weit oberhalb des Illertalbodens). Eine Folge davon sind die unzähligen Wasserfälle, Tobel und Schluchten, in denen das Wasser diesen Höhenunterschied auf oft spektakuläre Weise überwindet.

Die schönsten Abschiedsgeschenke der Gletscher sind aber ohne Zweifel die zahlreichen Seen des Allgäus. Im Hochgebirge liegen alle Seen in sogenannten Karen, Übertiefungen, die ein Gletscher auf seinem Weg talwärts ausgehobelt hatte. Das Alpenvorland hingegen ist in der Regel geprägt vom Moränenmaterial der Gletscher: Unmengen an Schutt und Geröll, von den Gletschern mitgeführt, blieben bei deren Abschmelzen zurück und bildeten eine wilde, unstrukturierte und wellige Landschaft mit unzähligen Vertiefungen und Becken, in denen sich Wasser sammelte. Viele dieser Seen und Teiche sind im Laufe der Jahrtausende wieder verschwunden, mancherorts deuten noch Moore auf ihre ehemalige Existenz hin. Zahlreiche Seen sind aber bis heute erhalten und geben dem Allgäu sein unverwechselbares Aussehen.

Nicht zuletzt der Mensch hat der Landschaft ihre besondere Prägung verliehen. Einige Orte wie Kempten und Füssen gehen zwar bereits auf römische Siedlungen zurück, doch die höheren Regionen des Allgäus und die unwirtlichen, lawinengefährdeten Täler waren für die Menschen lange Zeit uninteressant, blieben unbesiedelt und meist nur der Jagd vorbehalten. Die dauerhafte Besiedlung im späten Mittelalter begann nicht von Bayern aus, sondern von Süden her über hohe Pässe aus Österreich und der Schweiz. Im Kleinwalsertal ließen sich Bauern aus dem Wallis nieder, das Trettachtal wurde vom Lechtal aus vereinnahmt. In mühevoller Arbeit wurde über Generationen hinweg der Wald durch die Bauern gerodet. Da die Tallagen überwiegend für Ackerbau und Landwirtschaft benötigt wurden, drängte man auch an den Berghängen den Wald immer weiter zurück, um Platz für Alpweiden und Mähwiesen zu schaffen. Diese weiten, freien Flächen und sonnigen Wiesen prägen noch heute die Landschaft.

Neben der wilden alpinen Natur ist es vor allem diese Kulturlandschaft, die den Gast begeistert, die aber auch aufwändig gepflegt werden muss, so dass vielen Bauern heute die indirekte Rolle von Landschaftspflegern zukommt. ■

Über den Autor

Gerald Schwabe, Jahrgang 1968, Diplom-Geograph und freiberuflicher Reise- und Naturfotograf, lebt seit sechs Jahren mit seinem Sohn im Oberallgäu. Der Blick für besondere Stimmungen, Naturdetails und Augenblicke leiten ihn bei seinen Reisen um die Welt von Neuseeland über Patagonien bis zum Himalaya genauso wie bei seinen Wanderungen und ausgedehnten Touren durch die Allgäuer Bergwelt. Die Liebe zur Natur und die Begeisterung für seine Wahlheimat spiegeln sich im vorliegenden Bildband wider.

Neben zahlreichen Geschenkbuch- und Postkartenveröffentlichungen finden sich seine Fotografien in Kalendern, Reiseführern und Bildbänden namhafter Verlage. Dies ist sein zweiter Bildband beim Verlag J. Eberl GmbH & Co. KG.

Homepage: www.allgaeu-bilderbogen.de

Nebelhorn, Rubihorn & Co.

Das Nebelhorn ist viel besucht, sein Panorama zu Recht berühmt. Und die Wandermöglichkeiten sind so zahlreich, dass sich die Menschenmassen schnell verlaufen: Der Höhenweg zum Laufbacher Eck mit großartigen Ausblicken auf Seealpsee und Höfats, die herrliche Seenwanderung unterhalb des Großen Daumens, der spektakuläre Hindelanger Klettersteig für Fortgeschrittene... Seilbahnfrei geht es auf das wuchtige Rubihorn mit einem Ausblick auf Oberstdorf und das Illertal, der seinesgleichen sucht. Zudem kommt man in den Genuss, das wildromantische Faltenbachtal mit seinen zahlreichen Wasserfällen zu durchwandern anstatt mit der Seilbahn darüber hinwegzuschweben. Und als krönender Abschluss eines gelungenen Tages führt der Abstieg an den beiden malerisch gelegenen Gaisalpseen vorbei.

Der Seealpsee am Nebelhorn

Nebelhornbahn, im Hintergrund der Hohe Ifen

Das Nebelhorn

Der Laufbichelsee mit dem Hochvogel

Der Engeratsgundsee unterhalb des Großen Daumen

Nebel über Oberstdorf beim Aufstieg zum Rubihorn

Blick vom Rubihorn auf Oberstdorf

Panorama vom Großen Daumen, im Hintergrund der Hochvogel

Der Hochvogel

Panorama vom Rubihorn: Entschenkopf (li), Gaisalpsee, im Hintergrund der Grat vom Nebelhorn zum Großen Daumen mit dem Hindelanger Klettersteig.

Der Faltenbachtobel bei Oberstdorf

Der Obere Gaisalpsee mit dem Rubihorn

Der Untere Gaisalpsee mit dem Nebelhorn

Oytal

Das vordere Oytal lässt kaum erahnen, wie spektakulär und wild es endet. Auf dem sonnigen Güterweg oder entlang des kristallklaren Oybachs geht es gemächlich bergan zur weiten Ebene des Oytalhauses und weiter zur Unteren Gutenalp. Von den wuchtigen Seewänden stürzt sich der Seebach, im Talschluss zeigen sich die markanten Gipfel von Schneck und Großem Wilden. Mit jedem Schritt wird es alpiner, ehe man vorbei am schäumenden Stuibenfall schließlich die Alpweiden im weiten Kessel der Käseralpe erreicht. Ausdauernden Wanderern erschließt sich hier einer der einsamsten Abschnitte der Allgäuer Berge: Himmlische Ruhe am versteckt liegenden Eissee und prächtige Ausblicke auf Höfats und Großen Wilden.

Die Höfats im hinteren Oytal

Das hintere Oytal mit dem Oybach und dem Großen Wilden

Großer Wilder

Der Stuibenfall

Das Oytal mit der Schneck und dem Großen Wilden

Der Oybach

Der Eissee mit dem Großen Wilden

Trettachtal

Die Trettach ist neben der Stillach und der Breitach einer der drei Quellflüsse der Iller. Das enge Trettachtal führt schnurgerade nach Süden und endet in einem spektakulären Talschluss mit den eindrucksvollen Gipfeln der Trettachspitze und des Kratzers. Fast steigungslos führt der Weg von Oberstdorf entlang der Trettach abwechselnd durch dichten Wald und weite Wiesenflächen bis zur offenen Ebene bei Spielmannsau. Von dort kann der Aufstieg zur Kemptener Hütte erfolgen oder der Abstecher ins abgelegene Traufbachtal durch den gleichnamigen Tobel. Besonders sehenswert ist neben dem herrlich klaren Christlessee vor allem die historische Alpsiedlung Gerstruben im Seitental des Dietersbachs, zu der man durch den wilden Hölltobel emporsteigt. Uralte Alphöfe, eine Kapelle, prächtige Ahornbäume und duftende Almwiesen bilden ein einzigartiges Ensemble. Und alles wird überragt vom spitzen Gipfel der Höfats. Im weiteren Verlauf des Dietersbachtals gelangt man zur gleichnamigen Alm und – für ausdauernde Wanderer - zum Älpelesattel mit dem Übergang ins Oytal.

Das Trettachtal mit der Trettachspitze

Die Alpsiedlung Gerstruben: fünf historische Gehöfte plus Kapelle

Im Hintergrund das Dietersbachtal mit der markanten Höfats und dem Kreuzeck

Alpenromantik mit alten Holzhäusern, mächtigen Ahornbäumen und blühenden Wiesen

Bergbauernhof

Kapelle bei Spielmannsau

Der Hölltobel

Herbst im Trettachtal

Winter im Dietersbachtal

Die Alpsiedlung Gerstruben, überragt von der spitzen Höfats

Der Christlessee

Ahornallee im Dietersbachtal

Stillachtal

Das Stillachtal ist mit einer Länge von etwa 15 km bald doppelt so lang wie das benachbarte Trettachtal und stößt fast fjordartig in die höchsten Gipfel der Allgäuer Alpen hinein. Am Talausgang ist der Freibergsee einen Besuch wert, ehe sich das Tal zur Ebene der Birgsau weitet. Von hier gelangt man per Seilbahn zum Fellhorn, einem der schönsten Blumen- und Wanderberge des Allgäus mit großartigen Panoramawegen. Im weiteren Verlauf des Tales – wie fast alle Seitentäler im Oberallgäu autofrei - findet sich wohl eines der malerischsten Motive des Allgäus: Der Weiler Einödsbach, überragt von Trettachspitze, Mädelegabel und Hochfrottspitze. Ambitionierten Wanderern bietet das Stillachtal großartige Touren: der eindrucksvolle Rappensee mit gleichnamiger Hütte, der kleine Guggersee, die Heilbronner und Mindelheimer Klettersteige u.v.m.

Der Rappensee mit dem Kleinen Rappenkopf

Die südlichste Dauersiedlung Deutschlands: Der Weiler Einödsbach …

...überragt vom Allgäuer Hauptkamm mit Trettachspitze, Mädelegabel und Hochfrottspitze

Spiegelung im Guggersee: Allgäuer Hauptkamm mit Trettachspitze

Rappenseehütte mit Linkerskopf und Rothgundspitze

Der Freibergsee, rechts das Rubihorn

Die Stillach

Der Rappensee mit dem Kleinen Rappenkopf

Blick vom Fellhorn ins Kleinwalsertal

Kleinwalsertal

Das Kleinwalsertal nimmt eine Sonderstellung ein. Obwohl es geographisch und auch touristisch eher mit dem Oberallgäu eine Einheit bildet, gehört es zum österreichischen Vorarlberg. Da die hohen Gipfel allerdings eine vernünftige Verkehrserschließung nach Österreich verhindern, ist das Tal nur über das Allgäu zu erreichen. Sehr viel breiter, offener und siedlungsfreundlicher als seine beiden Nachbarn Trettach- und Stillachtal finden sich im Kleinwalsertal zudem vier größere Orte. Das Kleinwalsertal ist fast vollständig auf den Tourismus ausgerichtet, der hier optimale Voraussetzungen findet. Durch die große Höhe des Talbodens (zwischen 1.000 und 1.250 m) ist es im Winter weitgehend nebelfrei und bietet zudem beste Skigebiete am Hohen Ifen, Walmendinger Horn sowie an der Kanzelwand. Die Wandermöglichkeiten sind nahezu unbegrenzt: gemütliche Panoramawege an den sonnigen Talhängen sowie beeindruckende Gipfelerlebnisse, der wuchtige Widderstein am Übergang zum Hochtannbergpass, der allgegenwärtige Hohe Ifen mit seiner auffälligen schrägen Kalkplatte sowie die aussichtsreichen Grate von Fellhorn und Walmendinger Horn.... Und am Ausgang des Tales wartet mit der atemberaubenden Breitachklamm eine weltberühmte Sehenswürdigkeit, die sich niemand entgehen lassen sollte.

Panorama vom Schüsser: Walmendinger Horn und Hoher Ifen

Herbst am Söllereck

Fiderepasshütte, im Hintergrund der Hohe Ifen

Riezlern, Hoher Ifen

Wildenbachtal bei Mittelberg, Schafalpenköpfe

Panorama vom Hohen Ifen, im Tal Riezlern

Der Widderstein am Talende

Die Breitachklamm

Panorama vom Widderstein: Hochtannbergpass, Biberkopf, Lechtaler Alpen

Mittelberg, Schafalpenköpfe

Riezlern

Wanderung am Schüsser

Blick vom Walmendinger Horn: der Hohe Ifen, Schwarzwassertal

Hochtannbergpass: Kalbelesee und Biberkopf

Der Widderstein vom Hochtannbergpass

Südliches Illertal

Zwischen Oberstdorf und Sonthofen

Während der weite Talkessel Oberstdorfs durch die schroffen Dolomitgipfel im Hintergrund einen eher hochalpinen Charakter hat, werden die Berge entlang des Illertals weiter nördlich in Richtung Sonthofen sehr viel sanfter und familienfreundlicher. An den 1 bis 2 km breiten, völlig ebenen Talboden der Iller, entlang deren Ufer ein schöner Radweg führt, schließt sich beidseitig eine etwa 100 m höher gelegene Hochfläche an mit vielen kleinen Dörfern, Hochmooren und offenen Wiesen. Im Osten wird das Illertal schließlich von den Sonnenköpfen begrenzt, auf der westlichen Talseite zieht sich die Hörnerkette entlang, aus alpinistischer Sicht eher unspektakuläre Berge mit wunderschönen Panoramawegen, großartigen Aussichtsgipfeln und weiten Almwiesen. Mehrere Nebentäler wie das landschaftlich reizvolle Gunzesrieder Tal oder der Riedbergpass erschließen zahlreiche Wanderwege und malerische Tobel.

Das herbstliche Illertal vom Malerwinkel bei Hinang

Panorama vom Riedberger Horn mit der weiten Almfläche von Grasgehren

Im Hintergrund die Allgäuer Alpen zwischen Hochvogel (li) und Trettachspitze (re)

Altstädten im Illertal, im Hintergrund Fellhorn und Widderstein

Oberstdorf, im Hintergrund der Hohe Ifen

Kapelle bei Beilenberg, Trettachspitze

Abendstimmung bei Oberstdorf

Oberstdorf

Am Söllereck, im Hintergrund Rubihorn und Nebelhorn

Blick vom Besler über das Lochbachtal zum Allgäuer Hauptkamm

Am Söllereck, im Hintergrund Trettachspitze und Mädelegabel

Abendstimmung am Ofterschwanger Horn, Illertal

Vereister Hinanger Wasserfall

Winter am Söllereck

Ahornallee bei Oberstdorf

Moorweiher bei Oberstdorf, im Hintergrund Fürschießer und Kratzer

Viehscheid im Oberallgäu

MITTELBER

Das südliche Illertal bei Oberstdorf

Im Hintergrund die Bergkulisse vom Fellhorn bis zum Hohen Ifen im Kleinwalsertal

Hochmoor am Wannenkopf

Panoramawanderung am Weiherkopf, in der Bildmitte das Nebelhorn

Ballonfestival in Oberstdorf

Loipenparadies Oberstdorf

Winter am Riedberger Horn

Zwischen Grünten und Alpsee

Die Ferienregion Grünten-Alpsee am Übergang der Berge ins flache Voralpenland bietet für jeden Geschmack etwas. Der dominante Grünten ist einer der schönsten Aussichtsgipfel des Allgäus, auf der gegenüberliegenden Illertalseite bieten Mittag und Nagelfluhkette optimale Wandermöglichkeiten. Immenstadt, die älteste Stadt im Oberallgäu mit historischem Kern, wartet mit dem herrlichen Alpsee auf, einem beliebten Badesee mit gemütlicher Uferpromenade für laue Sommerabende. Und die niedrigen Höhenrücken der Thaler Höhe und des Falkensteins überraschen mit großartigen Ausblicken.

Panorama von der Thaler Höhe:
Grünten, Großer Alpsee, Immenstadt

Der Gipfel des Grünten mit Gebirgsjäger-Denkmal

Panorama vom Grünten: das Illertal mit Mittag, Immenstadt und Alpsee

Hasenreuther Wasserfall

Aubachfälle im Gunzesrieder Tal

Imberg, Allgäuer Alpen zwischen Biberkopf und Fellhorn

Die Iller bei Immenstadt mit Mittag, Steineberg und Stuiben

Panorama vom Burgberger Hörnle: Illertal mit Sonthofen

Die Kapelle von Oberried bei Sonthofen...

...Überbleibsel einer ehemaligen Siedlung

Der Gipfel des Steinebergs, im Tal Immenstadt

Burgberg im Illertal

Linde auf der Wittelsbacher Höhe

Niedersonthofener See

Großer Alpsee bei Immenstadt

Abendstimmung am Alpsee

Ostrachtal & Hintersteiner Tal

Bei Sonthofen mündet aus östlicher Richtung das große Ostrachtal ins Illertal. Unterhalb des Jochpasses weitet es sich zur offenen Ebene mit den Orten Bad Hindelang und Bad Oberdorf. Zusammen mit dem Hintersteiner Tal, das sich der klaren Ostrach flussaufwärts folgend südlich anschließt, bietet es eine ungeheure Fülle an touristischen Möglichkeiten. Hochalpine Erlebnisse versprechen u.a. der beeindruckende Hochvogel sowie der herrliche Schrecksee – der Große Daumen und der Engeratsgundsee orientieren sich bereits wieder zur Nebelhorngruppe und können auch von dort erkundet werden. Und wer`s etwas ruhiger angehen mag, kann das autofreie Hintersteiner Tal mit dem Fahrrad erkunden oder findet Seilbahnen zu den aussichtsreichen Gipfeln Imberger Horn und Iseler. Letzterer reicht bereits hinüber ins Tiroler Tannheimer Tal.

Das Ostrachtal vom Kleinen Hirschberg: Bad Oberdorf, Bad Hindelang, Großer Daumen und Imberger Horn

Prinz-Luitpold-Hütte am Hochvogel

Der Schrecksee, überragt vom Kastenkopf

Prinz-Luitpold-Hütte unterhalb des Wiedemerkopfes am Hochvogel

Blick vom B'schießer: Gaishorn und Rauhhorn

Hinterstein im gleichnamigen Tal

Die Ostrach

Die Schneck

Der Schrecksee mit dem Rauhhorn

Tannheimer Tal

Das Tiroler Tannheimer Tal, zwischen Ostrachtal und Ostallgäu gelegen, ist eines der schönsten Hochtäler der Alpen und bietet auf engstem Raum fast alles, was Wanderer- und Bergsteigerherzen höher schlagen lässt. Das lang gezogene Tal mit einigen kleinen Siedlungen wird auf der Südseite von den Allgäuer Alpen flankiert, im Norden dominieren die Tannheimer Berge mit den markanten Dolomitgipfeln von Gimpel und Köllenspitze die Szenerie. Saalfelder Höhenweg, Aggenstein, Schartschrofen und Neunerkopf: Die Liste der aussichtsreichen Gipfel scheint endlos. Hinzu kommen großartige Gewässer wie der auf gemütlicher Radtour erreichbare Vilsalpsee vor prächtiger Kulisse, der alpine Traualpsee und der Haldensee unterhalb der zackigen Gipfel der Tannheimer Gruppe.

Panorama vom Schartschrofen: Haldensee, Allgäuer Alpen mit Hochvogel (li) und Gaishorn (Mitte)

Der Vilsalpsee mit dem Rauhhorn

Der Vilsalpsee, im Hintergrund der Aggenstein

Bad Kissinger Hütte am Aggenstein, Tannheimer Berge

Am Saalfelder Höhenweg: Traualpsee, Rote Spitze, Hochvogel (li)

Blick vom Iseler: Tannheimer Berge mit Gimpel und Köllenspitze, in der Ferne die Zugspitze

Schartschrofen, Gimpel und Rote Flüh (v. li.)

Der Haldensee mit dem Gimpel

Das Tannheimer Tal: Gimpel, Tannheim und Neunerkopf (Mitte)

Ostallgäu

Das Bild des Ostallgäus scheint in erster Linie vom Schloss Neuschwanstein geprägt zu sein. Millionen von Touristen pilgern jährlich auf königlichen Spuren bayerischer Romantik, es herrscht ein wildes Sprachengewirr rund um Schloss und Marienbrücke. Nur ein paar Schritte entfernt beginnt das andere Ostallgäu: stille Wege, malerisch gelegene Seen, aussichtsreiche Gipfel, herrliche Radwege durch das sanft gewellte Alpenvorland mit großartigem Blick auf die nahen Berge. Hervorzuheben sind sicher das zentral gelegene Füssen mit seinem mittelalterlichen Flair, der trotz seiner Nähe zu den Königsschlössern erstaunlich ruhige Alpsee, der von Paraglidern geschätzte Tegelberg mit phantastischem Panorama sowie der große Forggensee, sommerliches Segelrevier, Badesee und eindrucksvolle Kulisse bei ausgedehnten Radtouren. Und einen schönen Tag kann man kaum besser ausklingen lassen als auf der Seepromenade in Hopfen am See mit dem Panorama der Tannheimer Berge.

Der Königswinkel: Schloss Neuschwanstein, Alpsee, Schwansee, Füssen, Tannheimer Berge

Kirche St. Peter in Berghof bei Halblech: im Hintergrund das Ammergebirge mit Hochplatte und Geiselstein

Pfronten vor den Tannheimer Bergen

Am Hopfensee: die Tannheimer Berge mit Rossberg, Aggenstein und Breitenberg (v. li.)

Der Weißensee

Panorama vom Tegelberg: Forggensee, Bannwaldsee

Schloss Neuschwanstein

Füssen: Hohes Schloss, ehem. Kloster St. Mang, Lech

Der Forggensee am Festspielhaus, im Hintergrund der Säuling

St. Coloman, im Hintergrund Schloss Neuschwanstein und der Säuling

Forggensee-Panorama: Ammergebirge, Säuling, Tannheimer Berge (v. li.)

FÜR LUCA

*

Ein großes Dankeschön auch an den Verlag J. Eberl für das Vertrauen sowie Manfred Dörr, Richard Moser, Stephanie Seltmann und Jürgen Wiedmann für die vielen kreativen Ideen, die professionelle Umsetzung des Buchprojekts und natürlich die angenehme Zusammenarbeit.

Gerald Schwabe